LEE

CON. LETRA MAYÚSCULA, CURSIVA Y DE IMPRENTA

PATATAS

patatas

patatas

PRINCESA

princesa

princesa

PIRATA

pirata

pirata

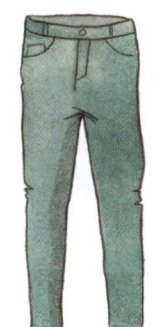

PANTALÓN

pantalón

pantalón

PLANETA

planeta

planeta

PAELLA

paella

paella

 TRISÍLABOS 1

MEMORIZA

SI PUEDES, BUSCA UNA PAREJA CON LA QUE JUGAR

MEMORIZA EL ORDEN DE LOS DIBUJOS

MEMORIZA EL ORDEN DE LAS PALABRAS

PRINCESA   PANTALÓN   PIRATA

CIERRA LOS OJOS Y DIBUJA CON EL DEDO LA PALABRA

PAELLA

CIERRA LOS OJOS Y DELETREA LA PALABRA

PLANETA

CIERRA LOS OJOS Y DELETREA AL REVÉS LA PALABRA

PATATAS

PINTA

LAS LETRAS QUE **NO** FORMAN PARTE
DE LAS PALABRAS Y ORDÉNALAS

 D T A S P A V A T

_____

 S I  R P C N A T E

_____

 Y R  G A T I P J   A

_____

 L A P N N A F T Ó

_____

 A N T D Y E P A L

_____

 K L V L E H A P A

_____

3

 # LEE

Y MARCA LA PALABRA CORRECTA

PIRATAS

PATATAS

PRINCESA

PRINCESA

PATATAS

CINESARP

PIRATA

PIÑATA

RATA

LONSPA

PAMTALÓN

PANTALÓN

PANTON

PLANETA

PAELLA

PATATAS

PAREJA

PAELLA

¡ENCUENTRA A LAS INTRUSAS!

MARCA LAS PALABRAS QUE **NO** QUIERAN DECIR NADA

princesa

rejapa

alpa

CINESARP

pantalón

atra

paella

CUPA

PIRATA

taspiña

planeta

patatas

PRINCESA

COMPLETA

CON LAS LETRAS QUE FALTAN

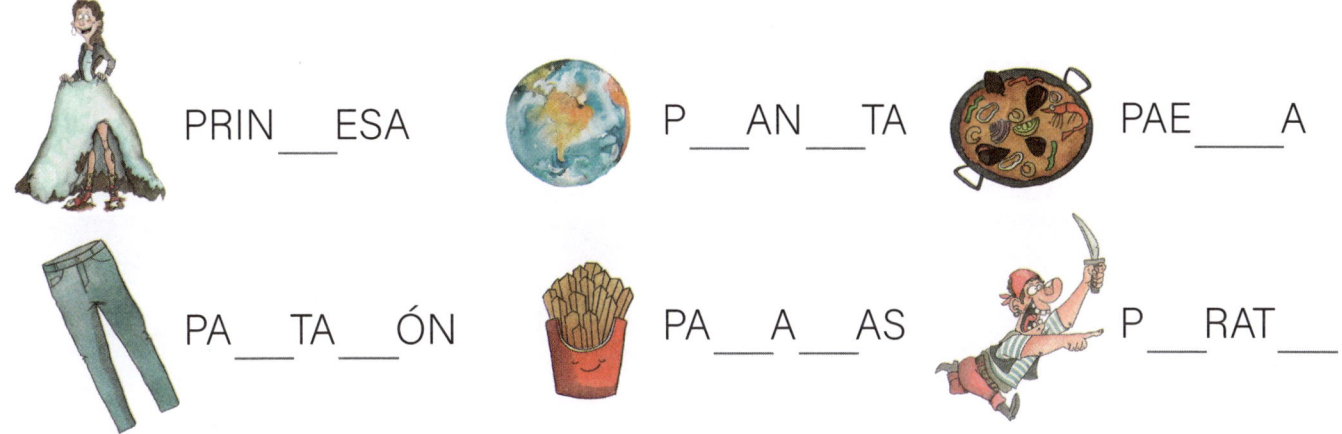

PRIN__ESA

P__AN__TA

PAE___A

PA__TA__ÓN

PA__A__AS

P__RAT__

5

COPIA

LA PALABRA ENTERA

PATATAS _____   patatas _____

PRINCESA _____   princesa _____

PIRATA _____   pirata _____

PANTALÓN _____   pantalón _____

PLANETA _____   planeta _____

PAELLA _____   paella _____

 # SILABEA

ESTAS PALABRAS TIENEN TRES SÍLABAS, SEPÁRALAS

PATATAS		
PA	TA	TAS

 ## ESCRIBE

LA PALABRA ENTERA Y EL ARTÍCULO (el, la, los, las)

LA PRINCESA

_____

_____

_____

_____

COPIA Y DIBUJA
LA PALABRA ENTERA

LAS PATATAS

LA PRINCESA

_____

_____

EL PIRATA

EL PANTALÓN

_____

_____

EL PLANETA

LA PAELLA

_____

_____

LEE Y CONTESTA SÍ O NO

ES UNA PRINCESA

ES UN PIRATA

ES UN PLANETA

ES UNA PAELLA

ES UN PLANETA

SON UNAS PATATAS

 RODEA LA RESPUESTA

¿CUÁNTAS FRASES ESTABAN MAL?

1   2   3   4   5   6

LAS FRASES SE HAN HECHO UN LÍO

ORDÉNALAS Y CÓPIALAS

| ES | PLANETA | AZUL. | ESTE |

_____

| RICA. | ESTÁ | LA | PAELLA |

_____

| PIRATA | EL | MALO. | ES |

_____

| EL | ES | PANTALÓN | VERDE. |

_____

| ESTÁN | LAS | FRÍAS. | PATATAS |

_____

# COMPRENSIÓN LECTORA

HOY LLEVO UN PANTALÓN VERDE.

Hoy llevo un pantalón verde.

¿HOY LLEVAS FALDA O PANTALÓN?_____

LOS PIRATAS LLEVAN UN PAÑUELO.

Los piratas llevan un pañuelo.

¿QUIÉN LLEVA UN PAÑUELO?_____

LA PAELLA ERA DE MARISCO.

La paella era de marisco.

¿QUÉ PLATO ERA DE MARISCO?_____

RESUELVE LA SOPA DE LETRAS

Encuentra las 6 palabras escondidas

X	P	U	V	F	F	X	L	U	K	I	
P	A	N	T	A	L	Ó	N	S	W	T	
X	P	P	M	O	J	R	R	S	M	G	
F	I	I	M	P	A	T	A	T	A	S	
O	W	R	E	K	L	R	B	D	O	L	
Z	P	A	E	L	I	A	A	I	A	H	
B	P	T	D	W	K	O	N	B	F	J	
D	L	A	W	G	V	G	L	E	N	S	
P	R	I	N	C	E	S	A	F	T	W	
M	C	P	L	Y	N	E	L	A	P	A	
A	J	G	D	L	A	L	L	E	A	P	

 **LEE**

CON LETRA MAYÚSCULA, CURSIVA Y DE IMPRENTA

CUCHARA

cuchara

cuchara

CAMISA

camisa

camisa

CUCHILLO

cuchillo

cuchillo

CHAQUETA

chaqueta

chaqueta

CARACOL

caracol

caracol

CABALLO

caballo

caballo

 TRISÍLABOS 2

PARTE 1   PARTE 2

MEMORIZA

SI PUEDES, BUSCA UNA PAREJA CON LA QUE JUGAR

MEMORIZA EL ORDEN DE LOS DIBUJOS

MEMORIZA EL ORDEN DE LAS PALABRAS

CAMISA   CUCHILLO   CHAQUETA

CIERRA LOS OJOS Y DIBUJA CON EL DEDO LA PALABRA

CABALLO

CIERRA LOS OJOS Y DELETREA LA PALABRA

CUCHARA

CIERRA LOS OJOS Y DELETREA AL REVÉS LA PALABRA

CARACOL

PINTA

LAS LETRAS QUE **NO** FORMAN PARTE
DE LAS PALABRAS Y ORDÉNALAS

| R | D | H | A | J | C | A | U | C |

_____

| A | P | A | T | C | I | G | S | M |

_____

| H | I | O | C | L | G | U | L | C |

_____

| C | A | U | A | W | Q | H | T | E |

_____

| A | L | C | S | A | O | R | D | C |

_____

| A | B | O | J | L | A | M | C | L |

_____

 # LEE

Y MARCA LA PALABRA CORRECTA

CUARA

CUCARA

CUCHARA

CAMI

SACAMI

CAMISA

CHILLO

CUCHILLO

CUCHARA

CHICATA

CHACATA

CHAQUETA

CARACOL

CARCOL

COLCARA

CABALLO

CABELLO

CALLABO

¡ENCUENTRA A LAS INTRUSAS!

✓ MARCA LAS PALABRAS QUE **NO** QUIERAN DECIR NADA

CUARA

cucara

cami

CUCHARA

sacami

sacami

camisa

CAMI

chicata

chicata

caracol

callabo

CARCOL

COMPLETA

CON LAS LETRAS QUE FALTAN

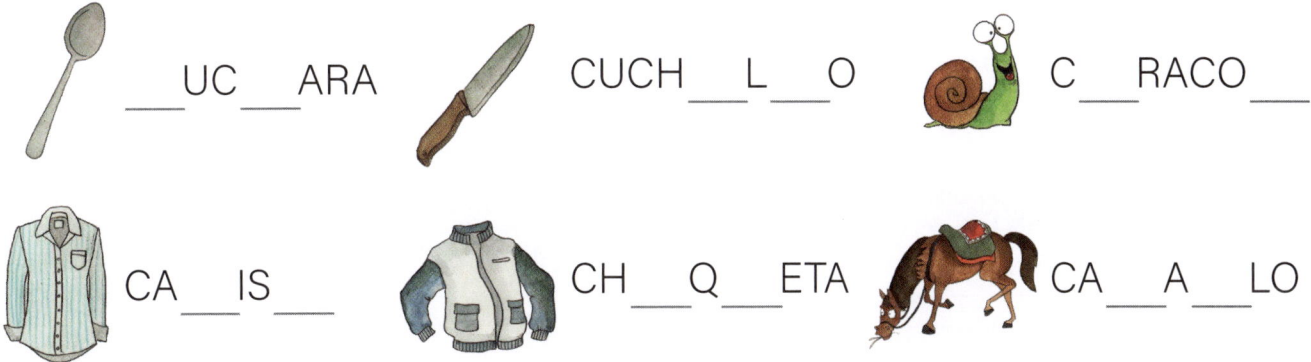

__UC__ARA   CUCH__L__O   C__RACO__

CA__IS__   CH__Q__ETA   CA__A__LO

COPIA

LA PALABRA ENTERA

CUCHARA _____   cuchara _____

CAMISA _____   camisa _____

CUCHILLO _____   cuchillo _____

CHAQUETA _____   chaqueta _____

CARACOL _____   caracol _____

CABALLO _____   caballo _____

 # SILABEA

ESTAS PALABRAS TIENEN TRES SÍLABAS, SEPÁRALAS

CARACOL		
CA	RA	COL

 ## ESCRIBE

LA PALABRA ENTERA Y EL ARTÍCULO (el, la, los, las)

COPIA Y DIBUJA
LA PALABRA ENTERA

LA CUCHARA

_____

LA CAMISA

_____

EL CUCHILLO

_____

LA CHAQUETA

_____

EL CARACOL

_____

EL CABALLO

_____

✔ LEE Y CONTESTA SÍ O NO ✗

ES UNA CHAQUETA ☐

ES UN CARACOL ☐

ES UN CABALLO ☐

ES UNA CAMISA ☐

ES UN CUCHILLO ☐

ES UNA CAMISA ☐

 RODEA LA RESPUESTA

¿CUÁNTAS FRASES ESTABAN MAL?

1   2   3   4   5   6

LAS FRASES SE HAN HECHO UN LÍO

ORDÉNALAS Y CÓPIALAS

| ES | CABALLO | EL | NEGRO. |

_____

| DOBLADA. | CAMISA | ESTÁ | LA |

_____

| CON | SOPA | CUCHARA. | COME |

_____

| EL | MUCHO. | CORTA | CUCHILLO |

_____

| ESTÁ | CHAQUETA | ROTA. | LA |

_____

# COMPRENSIÓN LECTORA

COME SOPA CON CUCHARA.

Come sopa con cuchara.

¿CON QUÉ COME LA SOPA?_____

LA CHAQUETA SE HA ROTO.

La chaqueta se ha roto.

¿QUÉ PRENDA DE VESTIR SE HA ROTO?_____

EL CARACOL COME LECHUGA.

El caracol come lechuga.

¿QUÉ ANIMAL COME LECHUGA?_____

RESUELVE LA SOPA DE LETRAS

Encuentra las 6 palabras escondidas

J	R	C	U	C	H	I	L	L	O	D
L	N	C	A	B	A	L	L	O	S	C
C	E	M	R	S	I	J	C	P	T	A
C	K	D	F	N	W	R	K	T	E	R
K	H	E	A	C	U	C	H	A	R	A
A	H	A	C	E	C	D	A	H	A	C
U	U	A	Q	A	K	P	L	T	K	O
O	V	Z	Q	U	H	T	Q	Z	G	L
Q	C	A	A	U	E	E	Ñ	A	I	U
B	H	E	K	R	Y	T	W	C	K	V
C	W	J	A	S	I	M	A	C	E	O

 # LEE

CON LETRA MAYÚSCULA, CURSIVA Y DE IMPRENTA

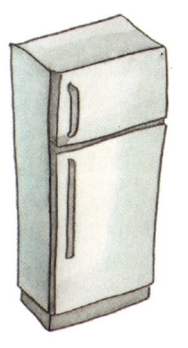

NEVERA

nevera

nevera

SERPIENTE

serpiente

serpiente

VINAGRE

vinagre

vinagre

SIRENA

sirena

sirena

VENTANA

ventana

ventana

SANDÍA

sandía

sandía

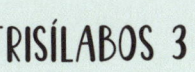 TRISÍLABOS 3

 MEMORIZA

SI PUEDES, BUSCA UNA PAREJA CON LA QUE JUGAR

MEMORIZA EL ORDEN DE LOS DIBUJOS

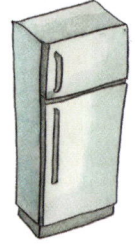   

MEMORIZA EL ORDEN DE LAS PALABRAS

SERPIENTE   VENTANA   SIRENA

CIERRA LOS OJOS Y DIBUJA CON EL DEDO LA PALABRA

VINAGRE

CIERRA LOS OJOS Y DELETREA LA PALABRA

SERPIENTE

CIERRA LOS OJOS Y DELETREA AL REVÉS LA PALABRA

SANDÍA

PINTA

LAS LETRAS QUE **NO** FORMAN PARTE
DE LAS PALABRAS Y ORDÉNALAS

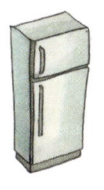

| N | R | E | T | A | P | V | L | E |

_____

| R | E | S | I | E | T | P | N | E |

_____

| G | N | Ñ | R | V | A | M | I | E |

_____

| A | I | V | S | E | Y | D | R | N |

_____

| E | A | P | N | V | T | A | M | N |

_____

| N | A | Ñ | Í | T | A | O | S | D |

_____

 # LEE

Y MARCA LA PALABRA CORRECTA

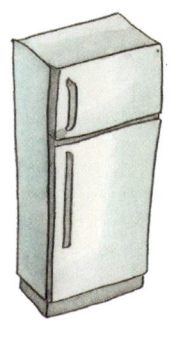

NEVERA

VERENA

NAVER

SADÍA

SANDÍA

SANDI

BINAGR

VINAGRE

VINALA

SEÑENA

SARENA

SIRENA

SERPITE

PRESENTE

SERPIENTE

VENTANA

NAVENTA

BENATA

¡ENCUENTRA A LAS INTRUSAS!

✔ MARCA LAS PALABRAS QUE **NO** QUIERAN DECIR NADA

vinagre

sadía   naver

BENATA

serpite   sirena

vinala

BUPA   SANDI

naventa

serpite

señena

VENTANA

COMPLETA

CON LAS LETRAS QUE FALTAN

__EVE__A   __INA__RE   VEN__A__A

SE__PI__NTE   __I__ENA   SAN__Í__

COPIA

LA PALABRA ENTERA

NEVERA _____ *nevera* _____

SERPIENTE _____ *serpiente* _____

VINAGRE _____ *vinagre* _____

SIRENA _____ *sirena* _____

VENTANA _____ *ventana* _____

SANDÍA _____ *sandía* _____

 # SILABEA

ESTAS PALABRAS TIENEN TRES SÍLABAS, SEPÁRALAS

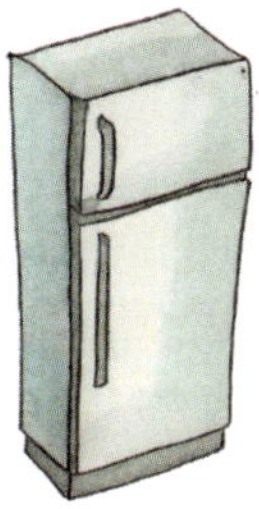

NEVERA		
NE	VE	RA

 # ESCRIBE

LA PALABRA ENTERA Y EL ARTÍCULO (el, la, los, las)

LA NEVERA

_____

_____

_____

_____

COPIA Y DIBUJA
LA PALABRA ENTERA

LA NEVERA

_____

LA SERPIENTE

_____

EL VINAGRE

_____

LA SIRENA

_____

LA VENTANA

_____

LA SANDÍA

_____

 # LEE Y CONTESTA SÍ O NO ❌

ES UNA SANDÍA

ES UNA SERPIENTE

ES UNA SERPIENTE

ES UNA VENTANA

ES UNA SIRENA

ES UNA NEVERA

 # RODEA LA RESPUESTA

¿CUÁNTAS FRASES ESTABAN MAL?

1   2   3   4   5   6

LAS FRASES SE HAN HECHO UN LÍO

ORDÉNALAS Y CÓPIALAS

| NEVERA | ES | LA | BLANCA. |

_____

| LA | SANDÍA | RICA. | ESTÁ |

_____

| ESTÁ | SIRENA | LA | NADANDO. |

_____

| ABIERTA. | ESTÁ | LA | VENTANA |

_____

| ES | ESTA | ENORME. | SERPIENTE |

_____

 # COMPRENSIÓN LECTORA

LA SANDÍA ES UNA FRUTA DE VERANO.

La sandía es una fruta de verano.

¿QUÉ FRUTA ES DE VERANO?_____

GUARDO LAS VERDURAS EN LA NEVERA.

Guardo las verduras en la nevera.

¿DÓNDE GUARDAS LAS VERDURAS?_____

TRAIGO VINAGRE PARA LA ENSALADA.

Traigo vinagre para la ensalada.

¿QUÉ TRAES PARA LA ENSALADA?_____

RESUELVE LA SOPA DE LETRAS

Encuentra las 6 palabras escondidas

```
M E R G A N I V A G W
D E I Q N V Q Y G D U
R V E C X N R U B N K
L Z T R V E N T A N A
N R S E R P I E N T E
S E N P U K T C T N B
I L V I G E L A P H I
R P G E Q N A V O X A
E D C I R X S P P O T
N K L Z U A E S R E D
A O S A N D Í A L E D
```

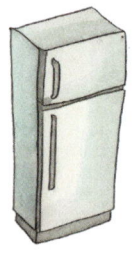     

 LEE

CON LETRA MAYÚSCULA, CURSIVA Y DE IMPRENTA

GALLINA

gallina

gallina

GALLETA

galleta

galleta

LÁGRIMA

lágrima

lágrima

GUITARRA

guitarra

guitarra

HORMIGA

hormiga

hormiga

GUSANO

gusano

gusano

TRISÍLABOS 4

PARTE 1

PARTE 2

PARTE 3

 # MEMORIZA

SI PUEDES, BUSCA UNA PAREJA CON LA QUE JUGAR

MEMORIZA EL ORDEN DE LOS DIBUJOS

MEMORIZA EL ORDEN DE LAS PALABRAS

GALLINA   HORMIGA   GUITARRA

CIERRA LOS OJOS Y DIBUJA CON EL DEDO LA PALABRA

GUSANO

CIERRA LOS OJOS Y DELETREA LA PALABRA

GALLETA

CIERRA LOS OJOS Y DELETREA AL REVÉS LA PALABRA

GALLINA

PINTA

LAS LETRAS QUE **NO** FORMAN PARTE
DE LAS PALABRAS Y ORDÉNALAS

L	F	I	A	P	A	G	L	N

_____

E	L	A	H	A	R	L	G	T

_____

R	Ñ	G	M	P	A	L	I	Á

_____

I	A	R	U	R	F	T	G	A

_____

G	T	I	R	P	O	M	H	A

_____

N	S	C	O	G	M	U	A	G

_____

 # LEE

Y MARCA LA PALABRA CORRECTA

GALLIN

GALANA

GALLINA

GALET

GELLATA

GALLETA

LÁGRIMA

LAGUNA

GORILA

GUITAR

RATAGA

GUITARRA

GAMORHI

HORMIGA

HOMIGA

GOSANO

GUSANO

NOGUSA

¡ENCUENTRA A LAS INTRUSAS!

✔ MARCA LAS PALABRAS QUE **NO** QUIERAN DECIR NADA

galdilla

LUGANA

gallin

GUITAR

ganilla

lágrima

homiga

GELLATA

quitarra

hormiga

GALLETA

GUSANO

letagal

 COMPLETA

CON LAS LETRAS QUE FALTAN

 __ALLIN__    LÁ__RI__A    H__RM__GA

 GAL__E__A    __U__TARRA    G__SA__O

COPIA

LA PALABRA ENTERA

GALLINA _____   *gallina* _____

GALLETA _____   *galleta* _____

LÁGRIMA _____   *lágrima* _____

GUITARRA _____   *guitarra* _____

HORMIGA _____   *hormiga* _____

GUSANO _____   *gusano* _____

 SILABEA

ESTAS PALABRAS TIENEN TRES SÍLABAS, SEPÁRALAS

GALLINA		
GA	LLI	NA

 ESCRIBE

LA PALABRA ENTERA Y EL ARTÍCULO (el, la, los, las)

LA GALLINA

_____

_____

_____

_____

_____

COPIA Y DIBUJA
LA PALABRA ENTERA

LA LÁGRIMA

LA GALLETA

_____

_____

LA GALLINA

LA GUITARRA

_____

_____

LA HORMIGA

EL GUSANO

_____

_____

 LEE Y CONTESTA SÍ O NO ✗

ES UN GUSANO

ES UN GUSANO

ES UNA HORMIGA

ES UNA GALLETA

ES UNA GUITARRA

ES UNA HORMIGA

 RODEA LA RESPUESTA

¿CUÁNTAS FRASES ESTABAN MAL?

1   2   3   4   5   6

LAS FRASES SE HAN HECHO UN LÍO

ORDÉNALAS Y CÓPIALAS

LA	PEQUEÑA.	HORMIGA	ES

_____

PONE	GALLINA	LA	HUEVOS.

_____

CUERDAS.	TIENE	LA	GUITARRA

_____

SALADAS.	SON	LAS	LÁGRIMAS

_____

COME	ESTE	MANZANAS.	GUSANO

_____

COMPRENSIÓN LECTORA

EL GUSANO VIVE BAJO TIERRA.

El gusano vive bajo tierra.

¿QUÉ ANIMAL VIVE BAJO TIERRA?_____

HEMOS HECHO GALLETAS DE CHOCOLATE.

Hemos hecho galletas de chocolate.

¿QUÉ HABÉIS HECHO?_____

LA GUITARRA TIENE SEIS CUERDAS.

La guitarra tiene seis cuerdas.

¿QUÉ INSTRUMENTO TIENE SEIS CUERDAS?_____

RESUELVE LA SOPA DE LETRAS

Encuentra las 6 palabras escondidas

```
G  I  Q  N  H  G  S  T  F  Q  C
F  T  H  K  G  A  L  L  I  N  A
Q  H  U  S  I  N  A  L  L  A  M
G  U  I  T  A  R  R  A  U  M  G
J  Q  S  C  K  U  K  T  L  C  U
L  Á  G  R  I  M  A  J  F  C  S
V  M  F  G  A  L  L  E  T  A  A
D  Z  G  X  A  T  B  A  V  V  N
N  U  G  K  Y  O  Z  J  K  T  O
N  K  L  M  W  I  F  C  P  Q  O
I  H  O  R  M  I  G  A  I  L  K
```